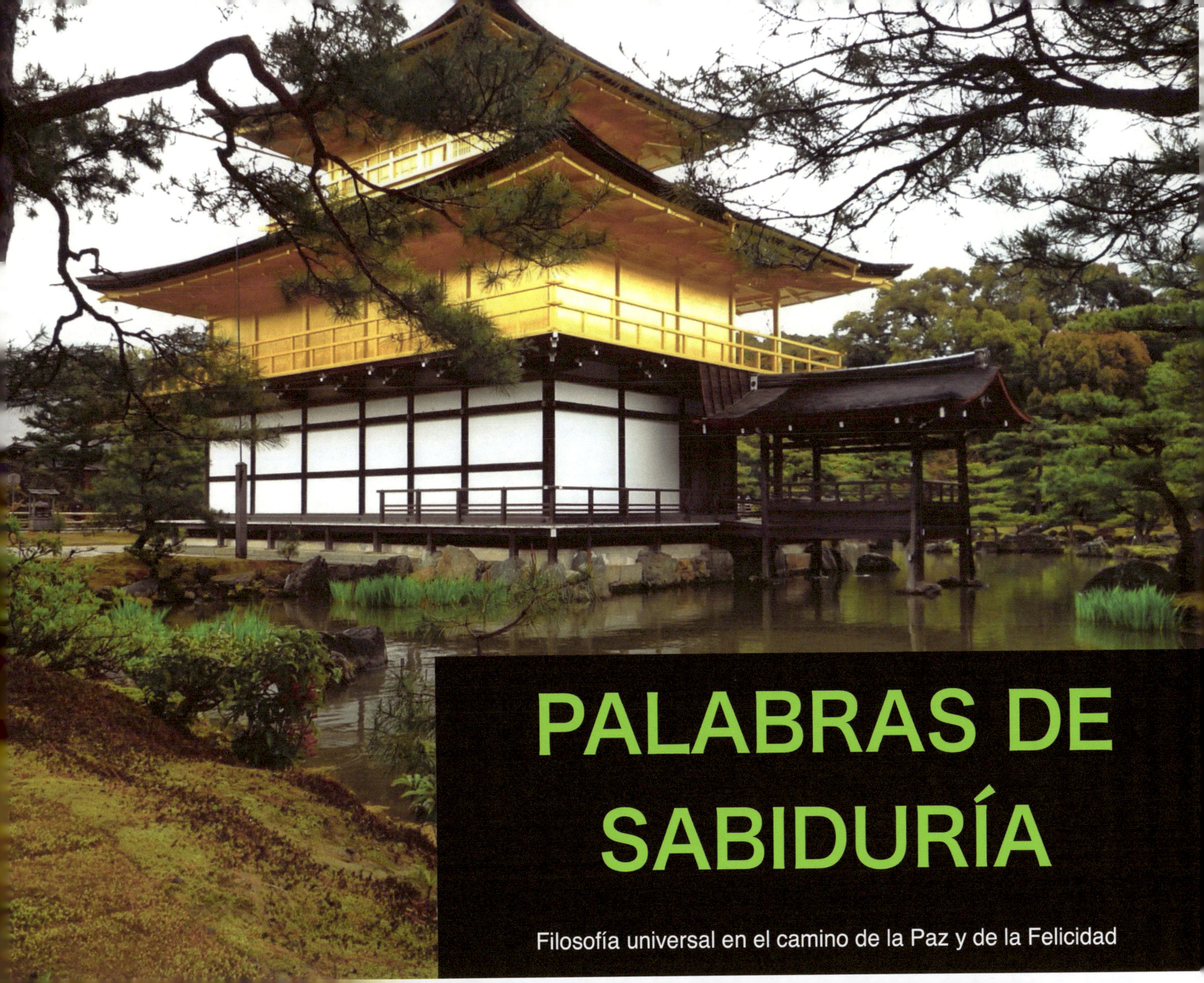
PALABRAS DE
SABIDURÍA
Filosofía universal en el camino de la Paz y de la Felicidad

Filosofía universal en el camino de la Paz y de la Felicidad

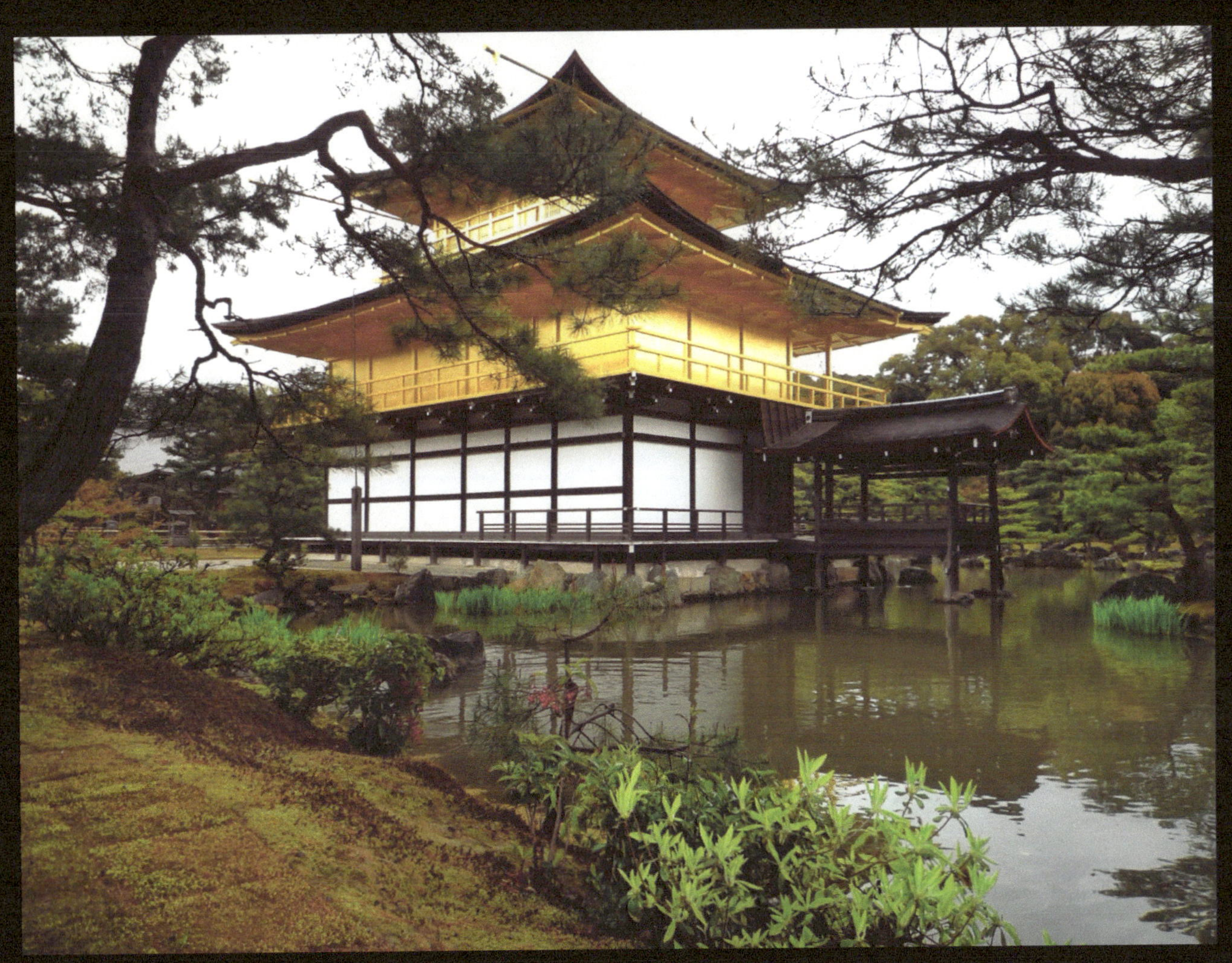

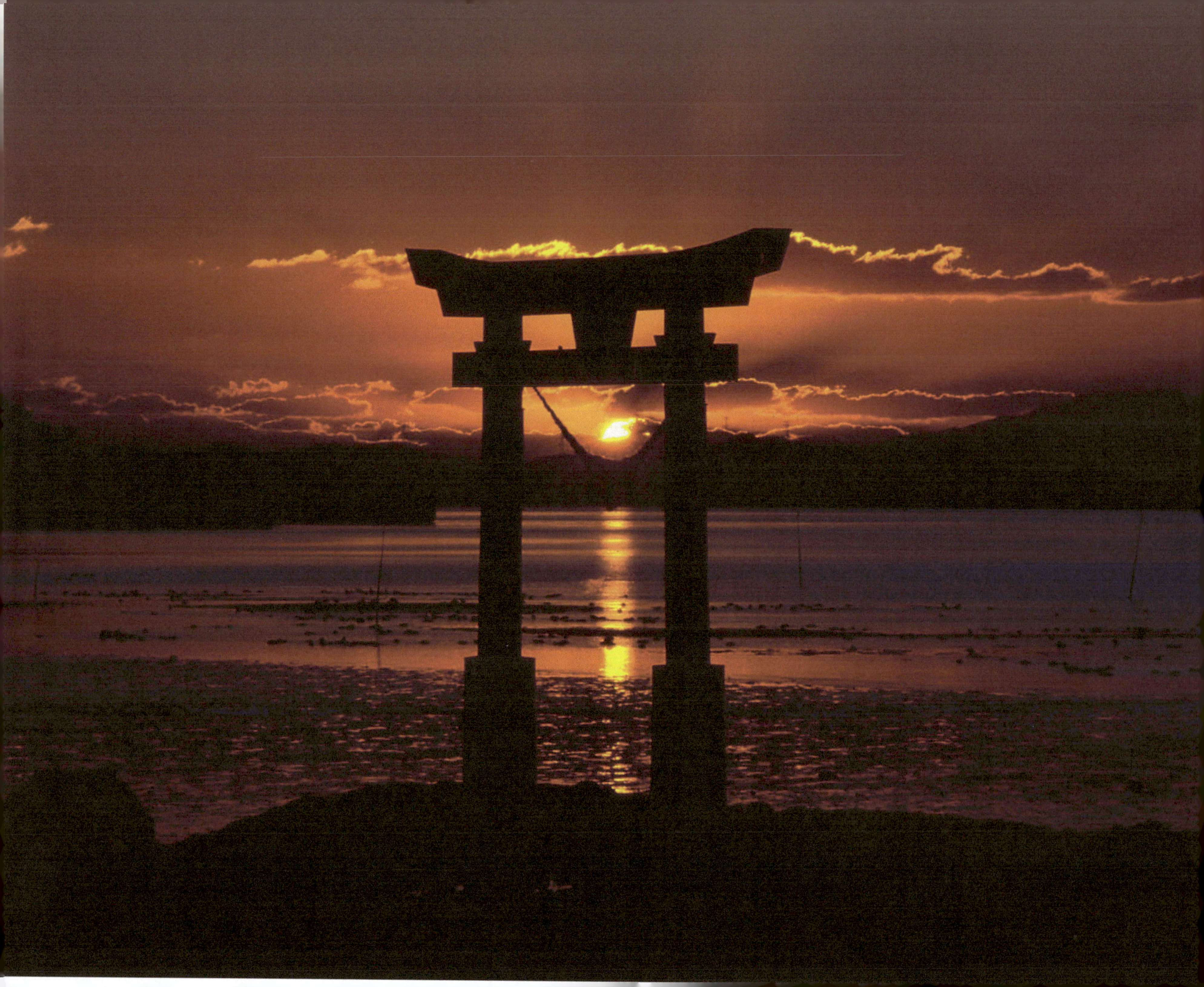

La paciencia tiene más
poder que la fuerza.

Plutarco

El que domina a los otros es
fuerte; el que se domina a sí
mismo es poderoso.

Lao-Tsé

Cuando hables, procura que tus palabras
sean mejores que el silencio.

Proverbio Hindú

Es mejor ser rey de tu silencio que esclavo
de tus palabras.

William Shakespeare

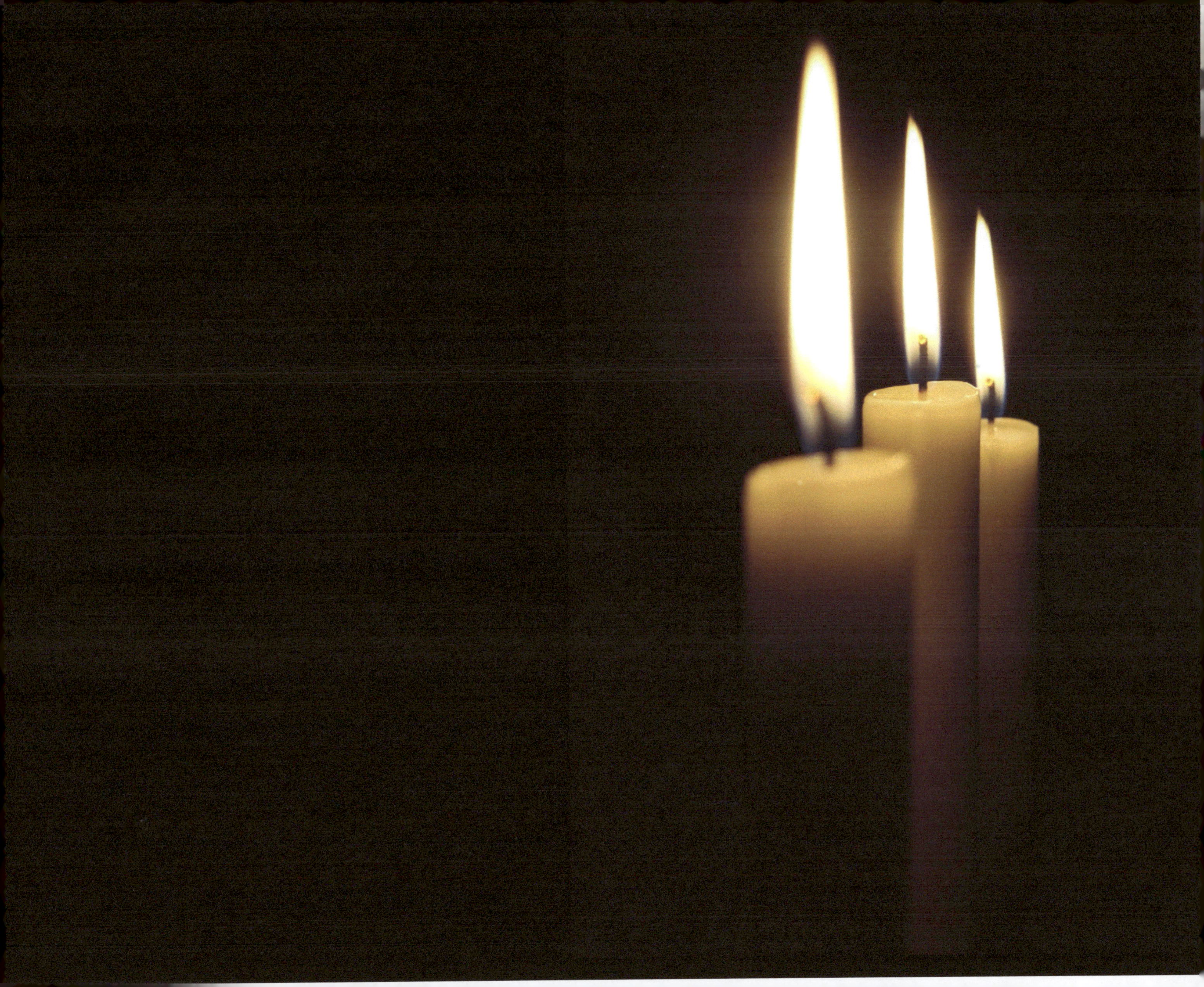

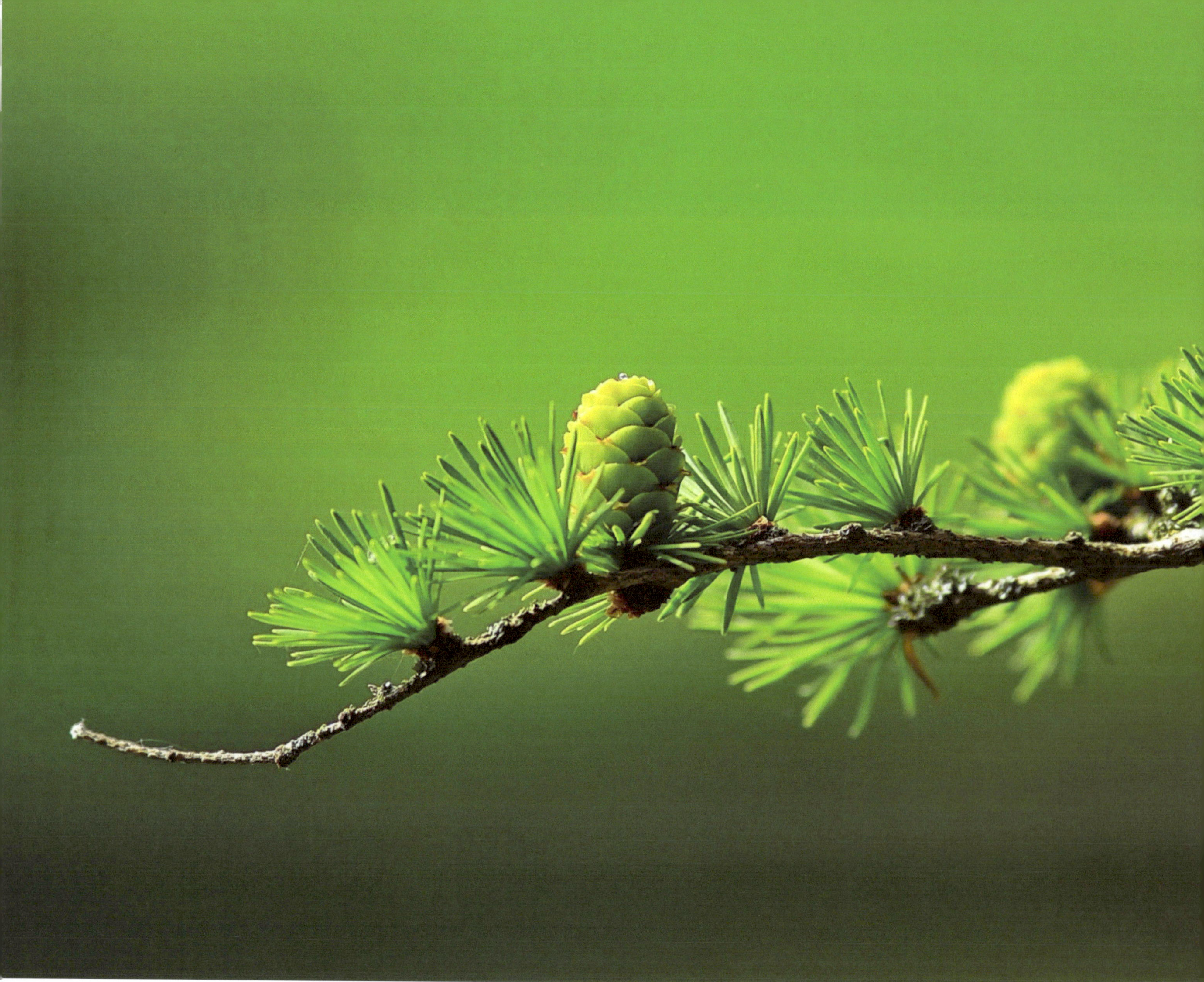

Da lo que tienes para que merezcas
recibir lo que te falta.

San Augustin

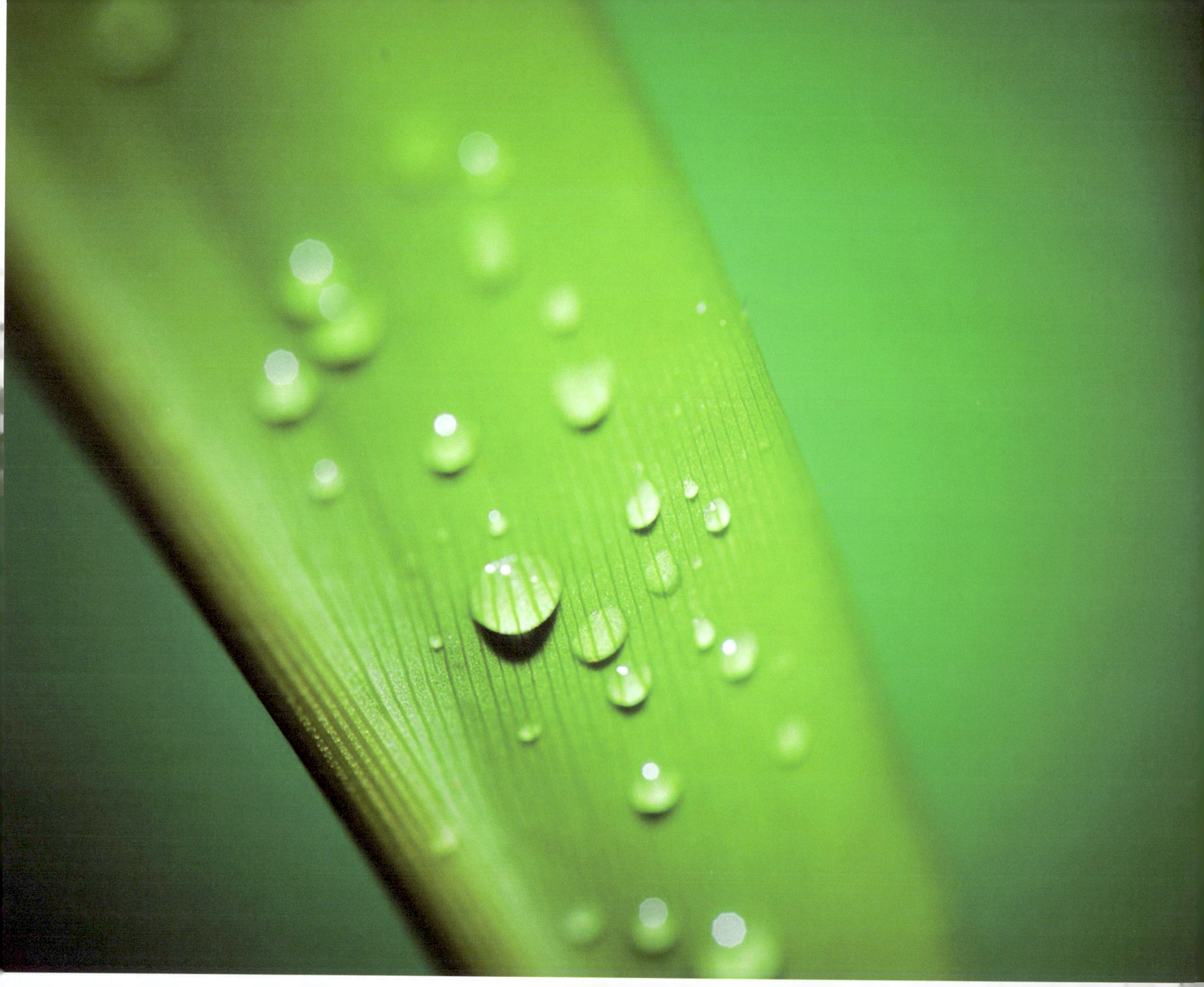

El hombre no posee el poder de crear vida. No posee tampoco, por consiguiente, el derecho a destruirla.

Gandhi

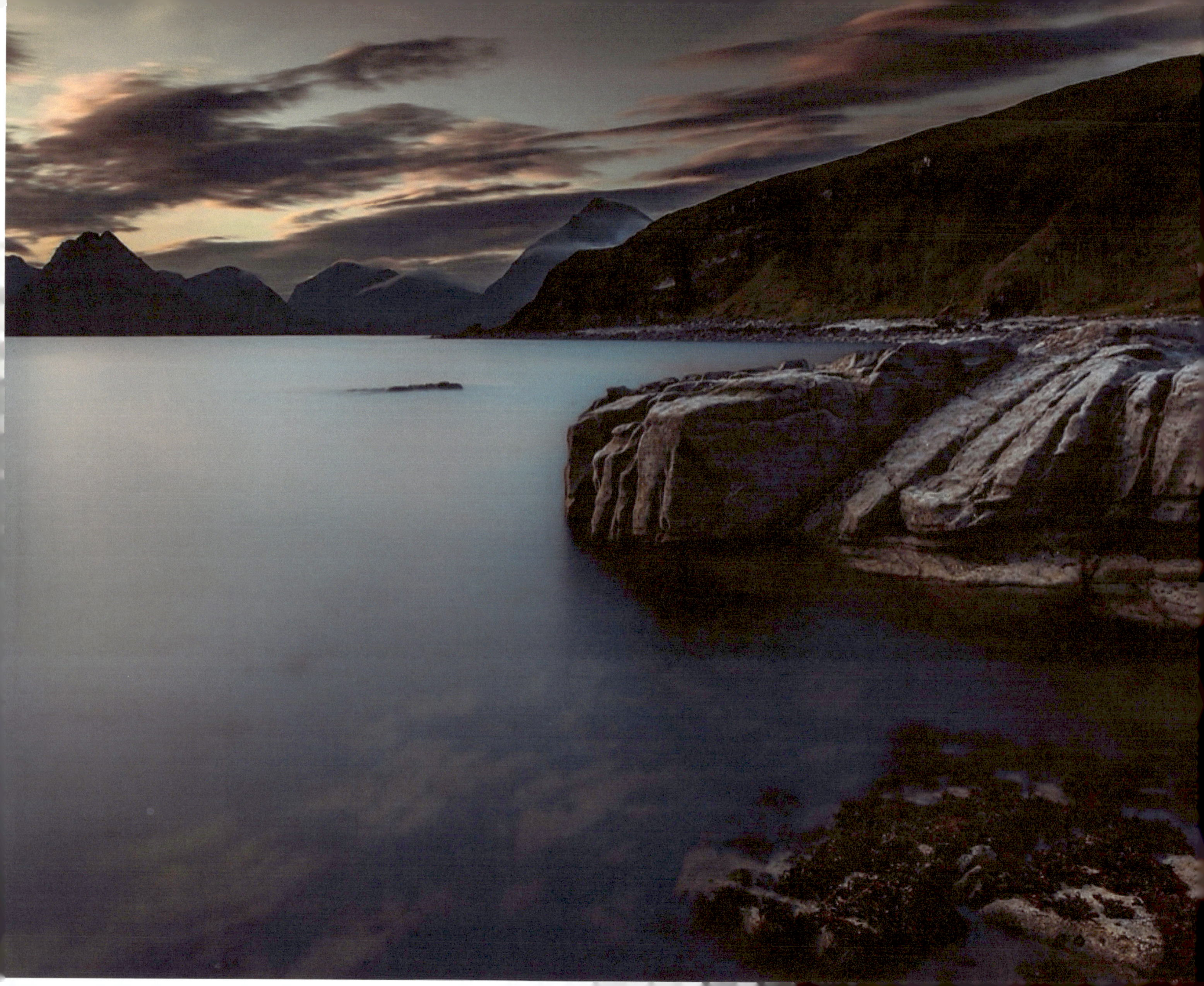

Es mejor viajar lleno de esperanza que llegar.

Proverbio Japonés

Exígete mucho a ti mismo y espera poco de los demás. Así te ahorrarás disgustos.

Confucio

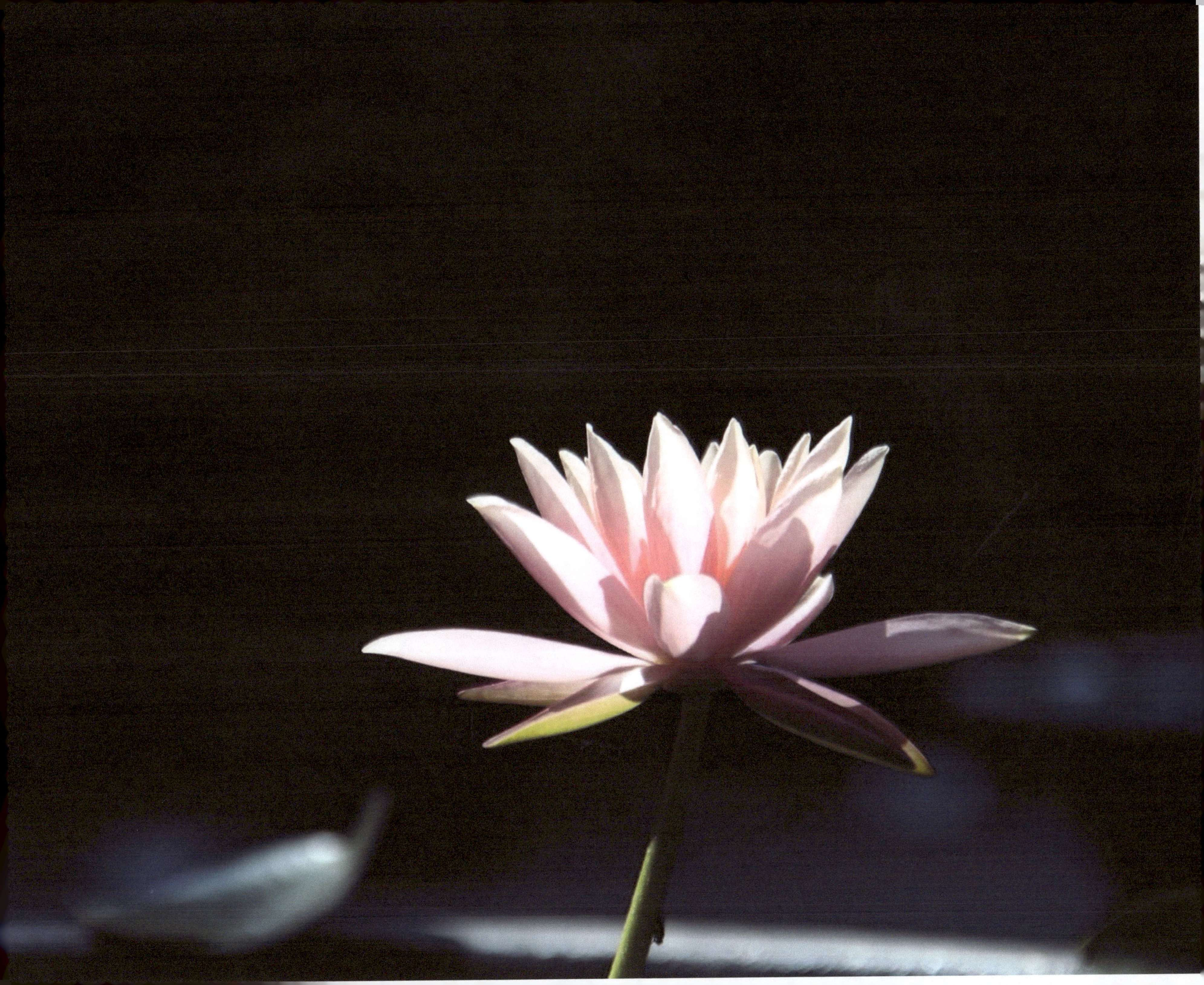

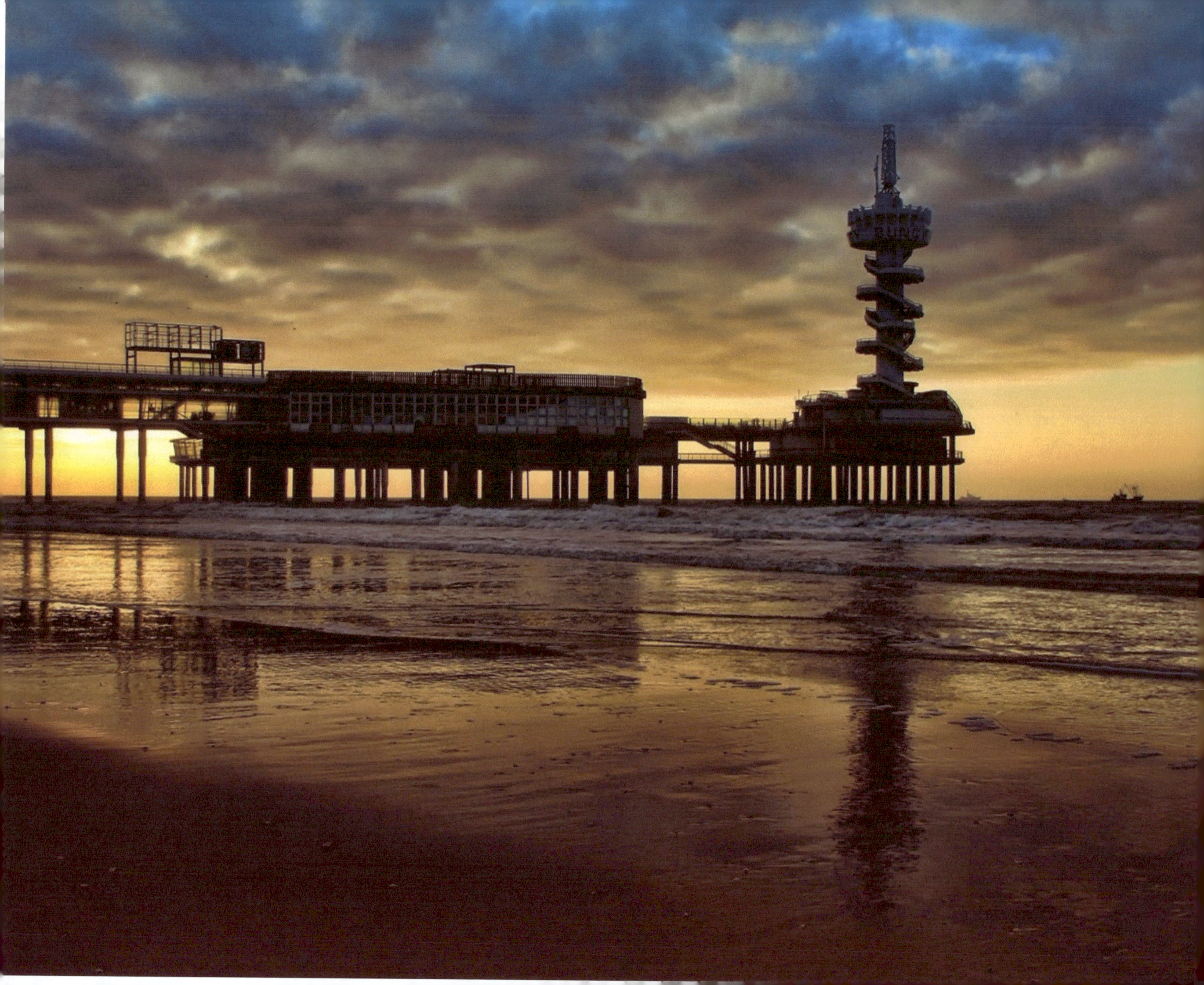

Con sabiduría se construye la casa; con inteligencia se echan los cimientos. Con buen juicio se llenan sus cuartos de bellos y extraordinarios tesoros.

La Biblia

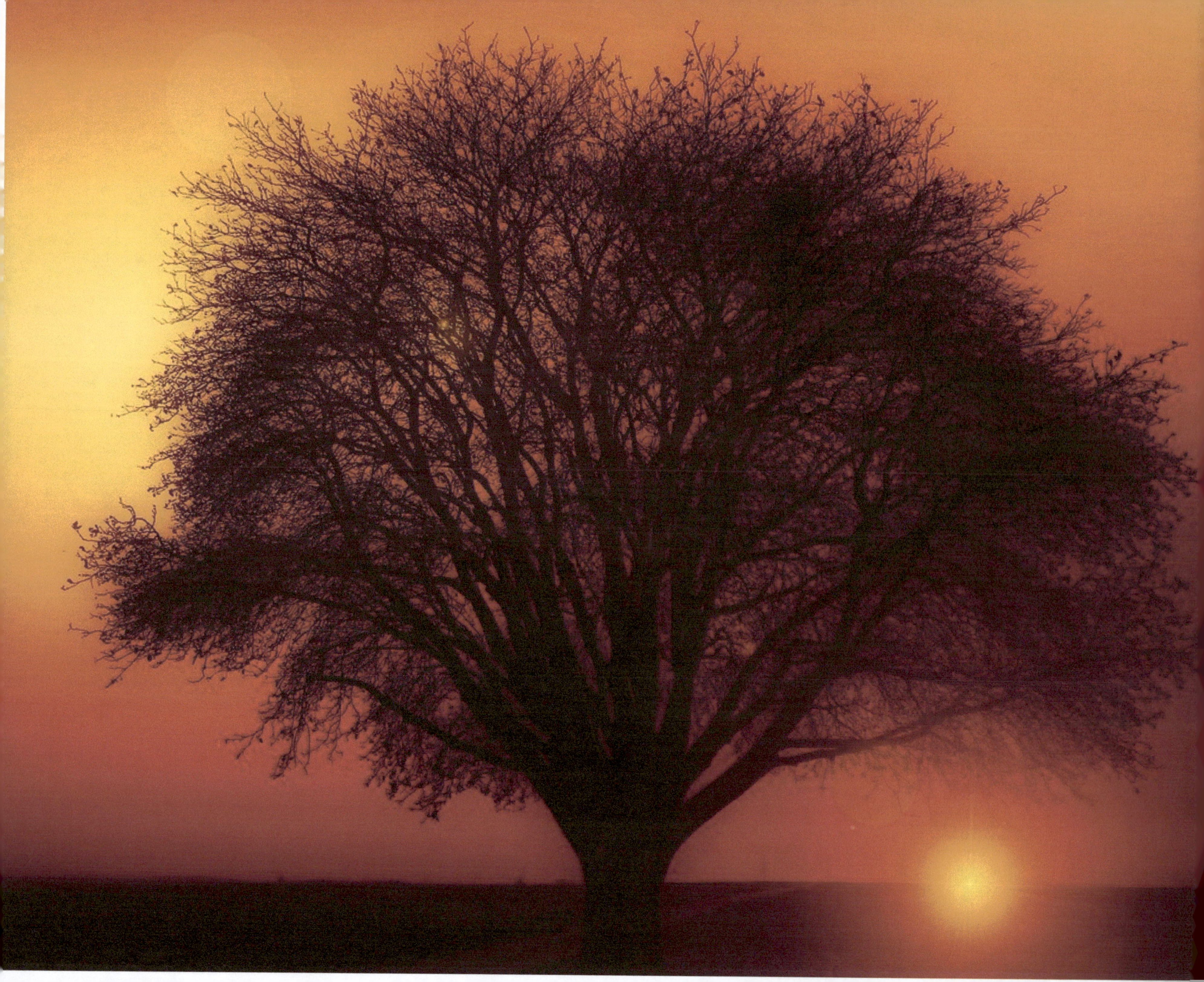

Si quieres ser grande, comienza por ser pequeño; si quieres construir un edificio que llegue hasta el cielo, piensa primero en poner el fundamento de la humildad. Cuanto mayor sea la mole que se trate de levantar y la altura del edificio, tanto más hondo hay que cavar el cimiento. Y mientras el edificio que se construye se eleva hacia lo alto, el que cava el cimiento se abaja hasta lo más profundo. El edificio antes de subir se humilla, y su cúspide se erige después de la humillación.

San Augustín

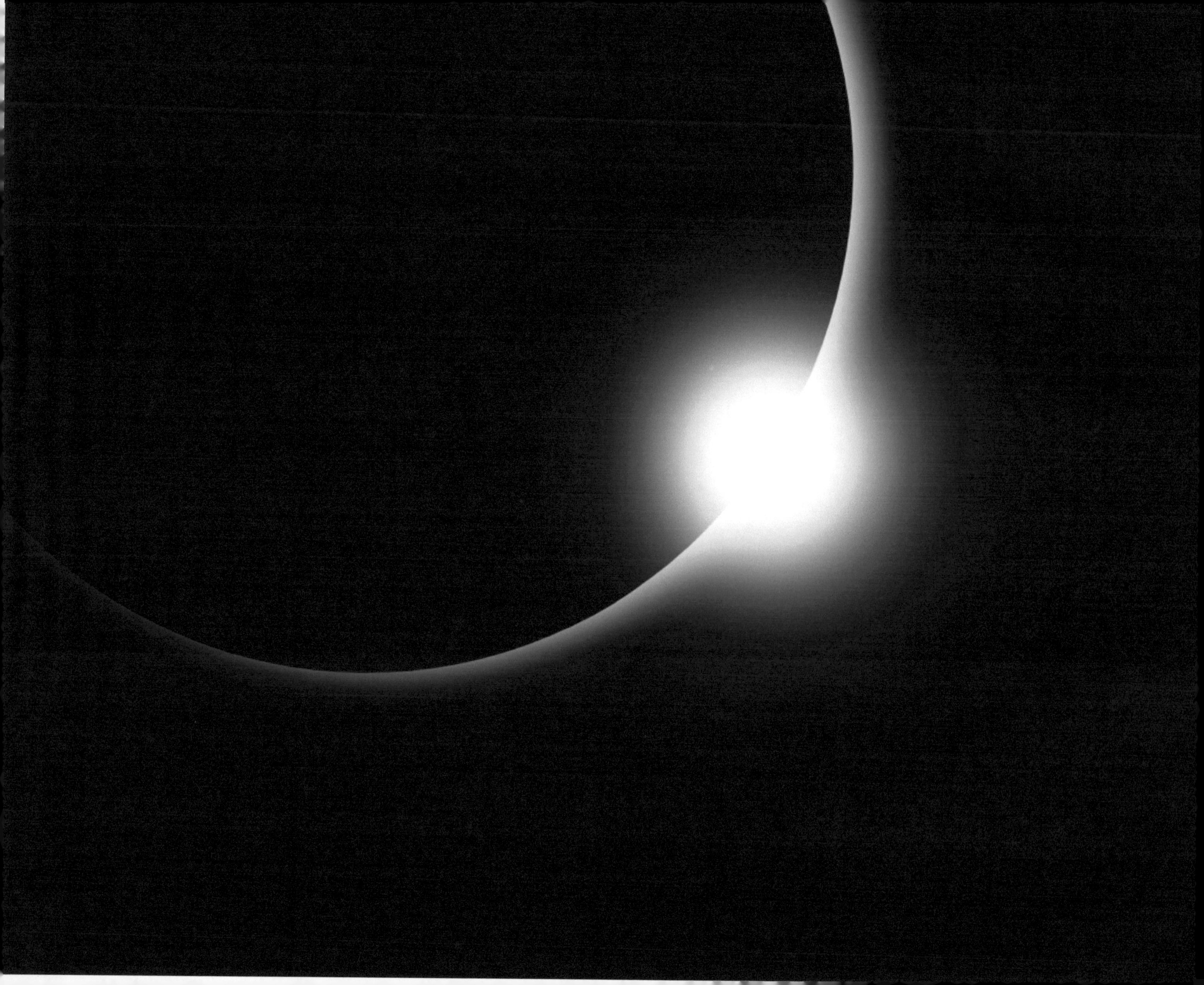

La sombra no existe; lo que tu llamas sombra es la luz que no ves.

Henri Barbusse

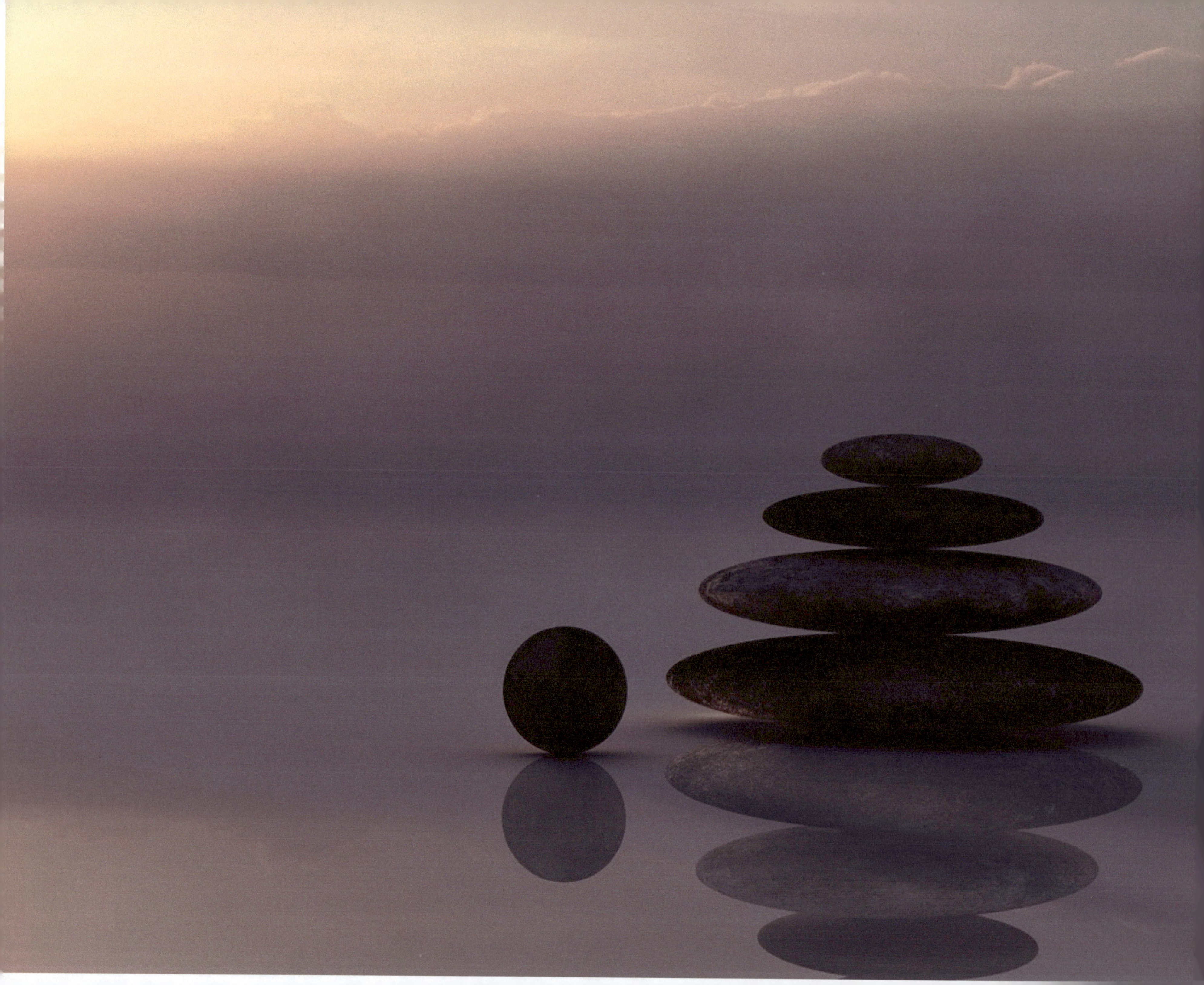

Si no tenemos paz dentro de nosotros, de nada sirve buscarla fuera.

La Rochefoucauld

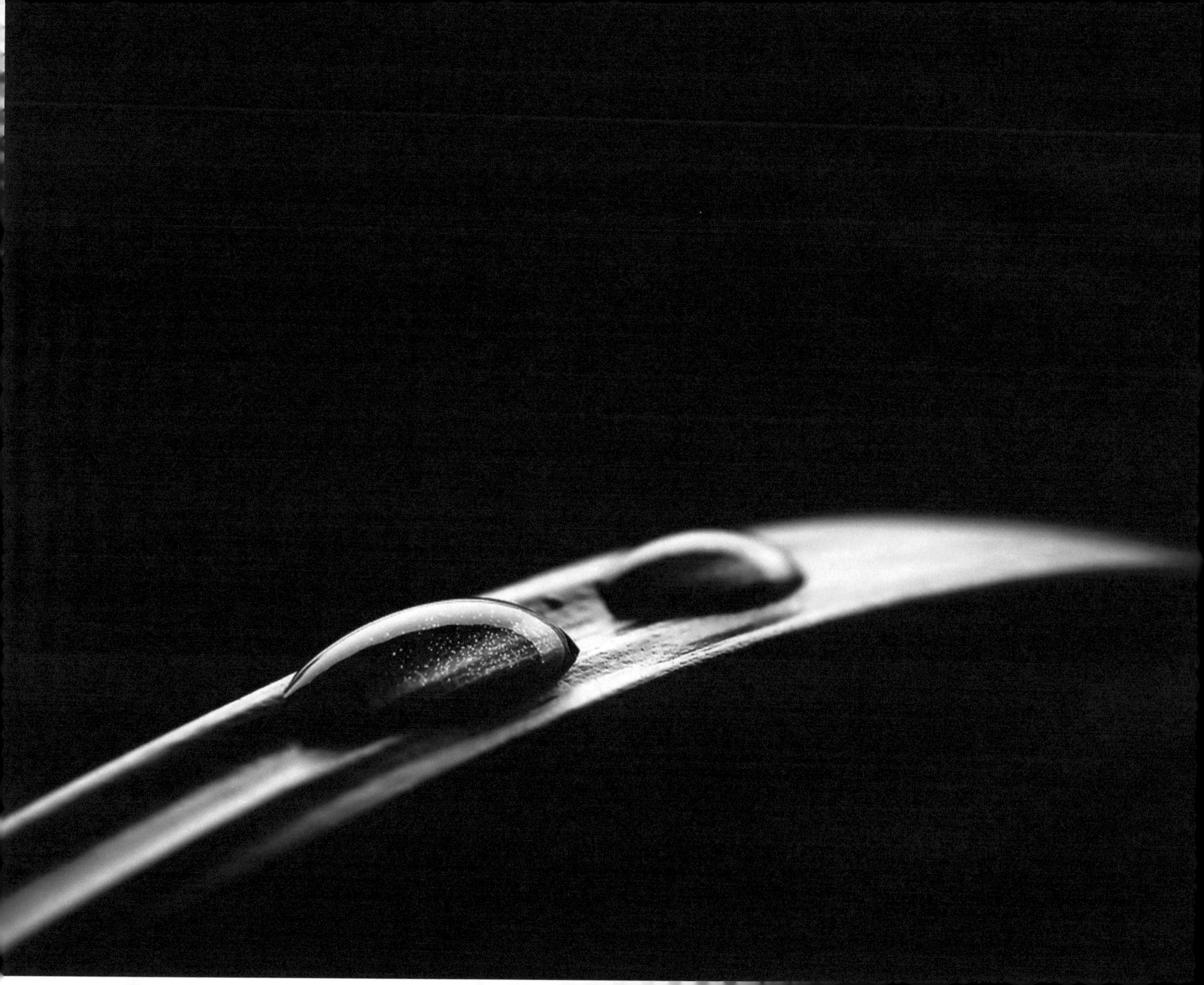

Desciende a las profundidades de ti mismo, *y* logra ver tu alma buena. La felicidad la hace solamente uno mismo con la buena conducta.

Sócrates

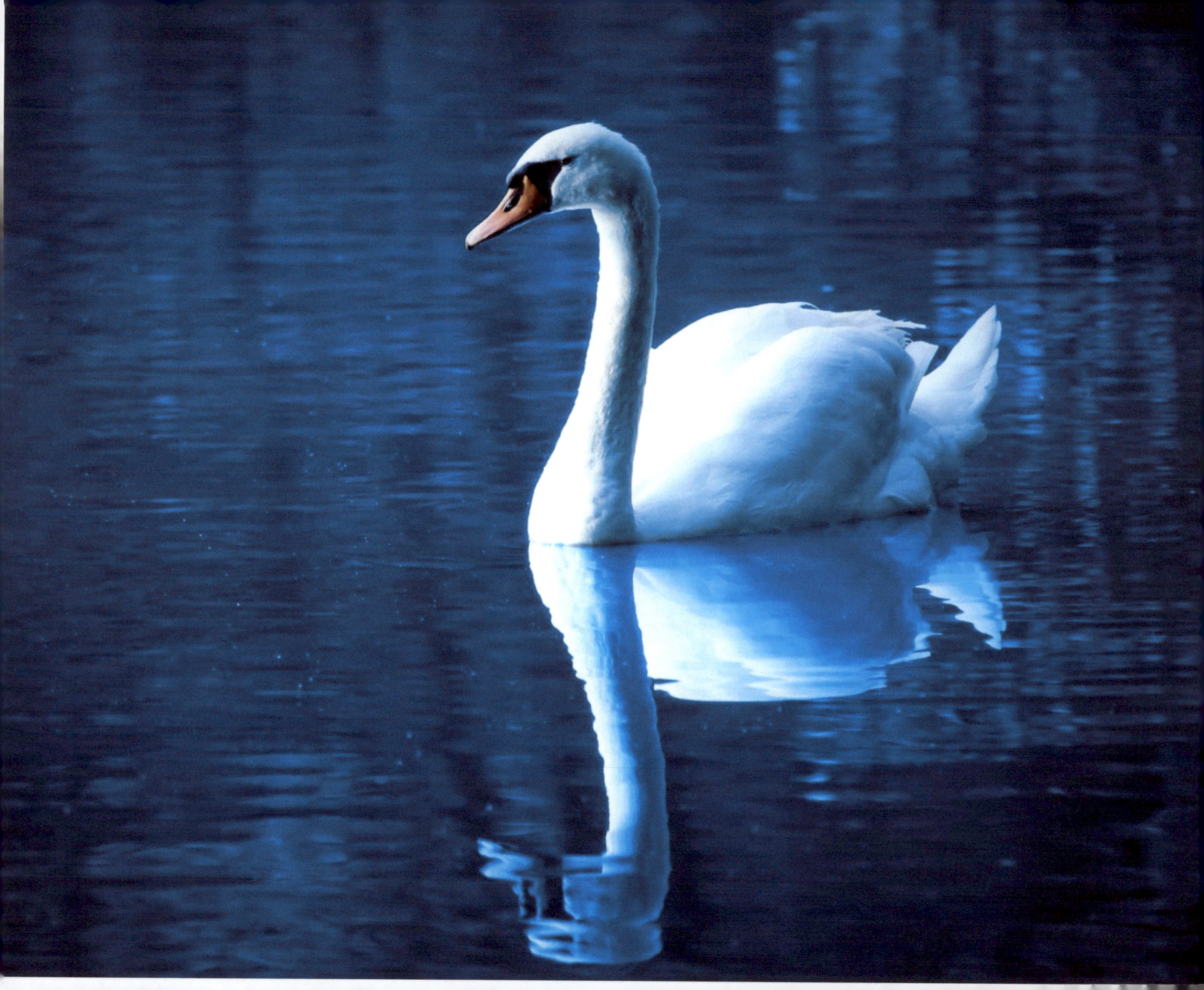

El ignorante afirma, el
sabio duda y reflexiona.

Aristóteles

Yo sólo sé que no sé nada.

Sócrates

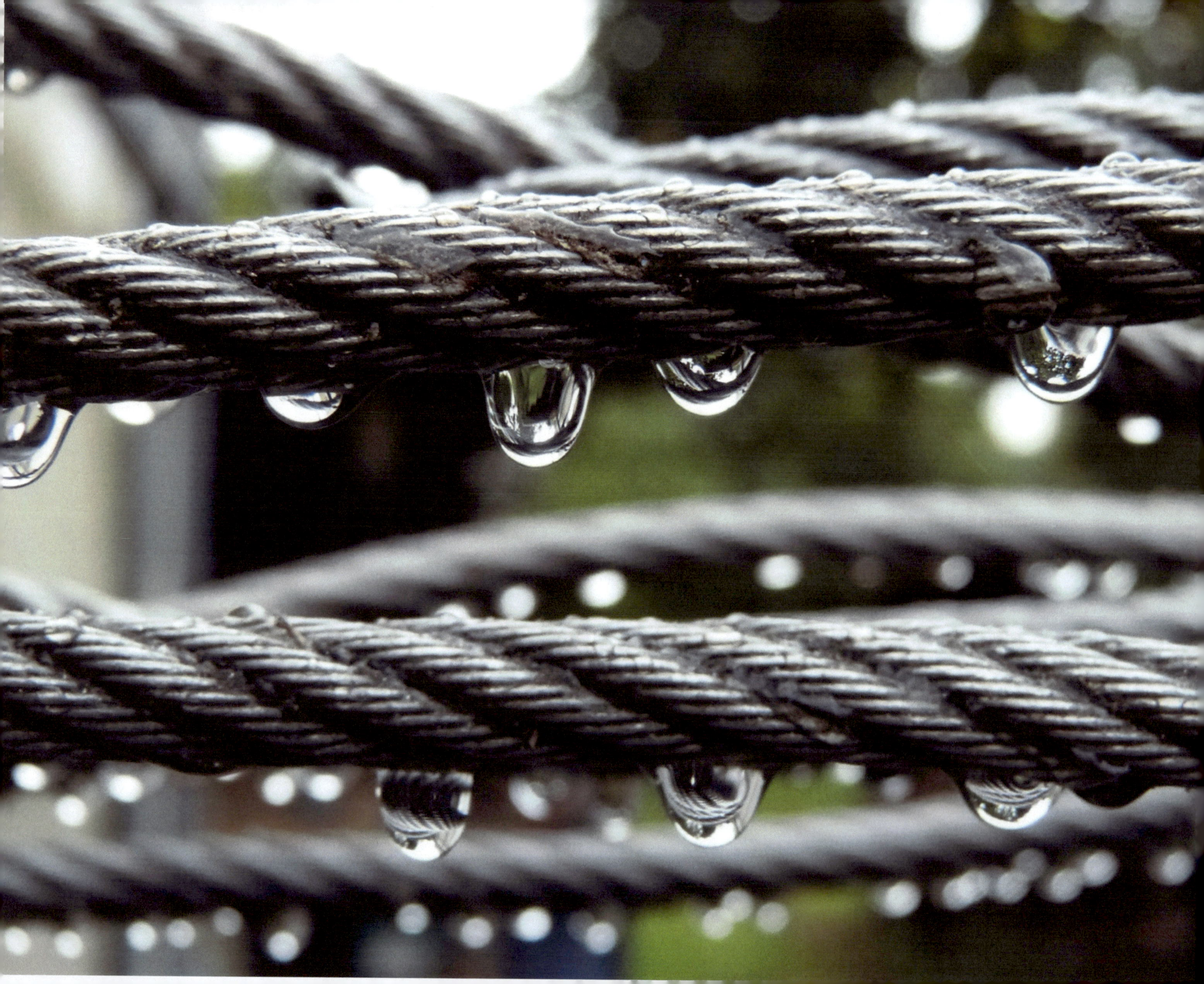

Nadie es más esclavo
que el que se tiene por
libre sin serlo.

Goethe

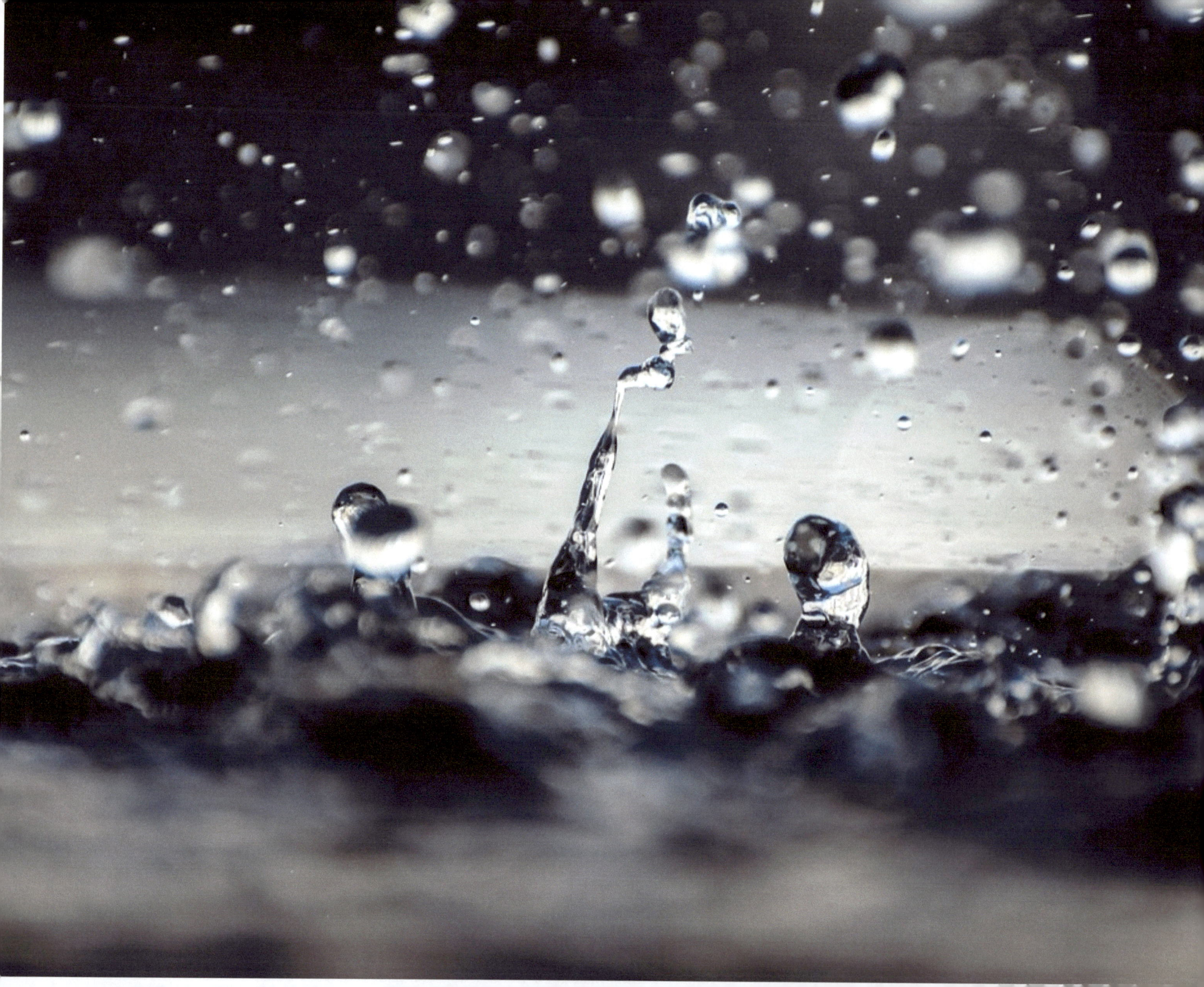

No puedes evitar que el pájaro de
la tristeza vuele sobre tu cabeza,
pero sí puedes evitar que anide
en tu cabellera.

Proverbio Chino

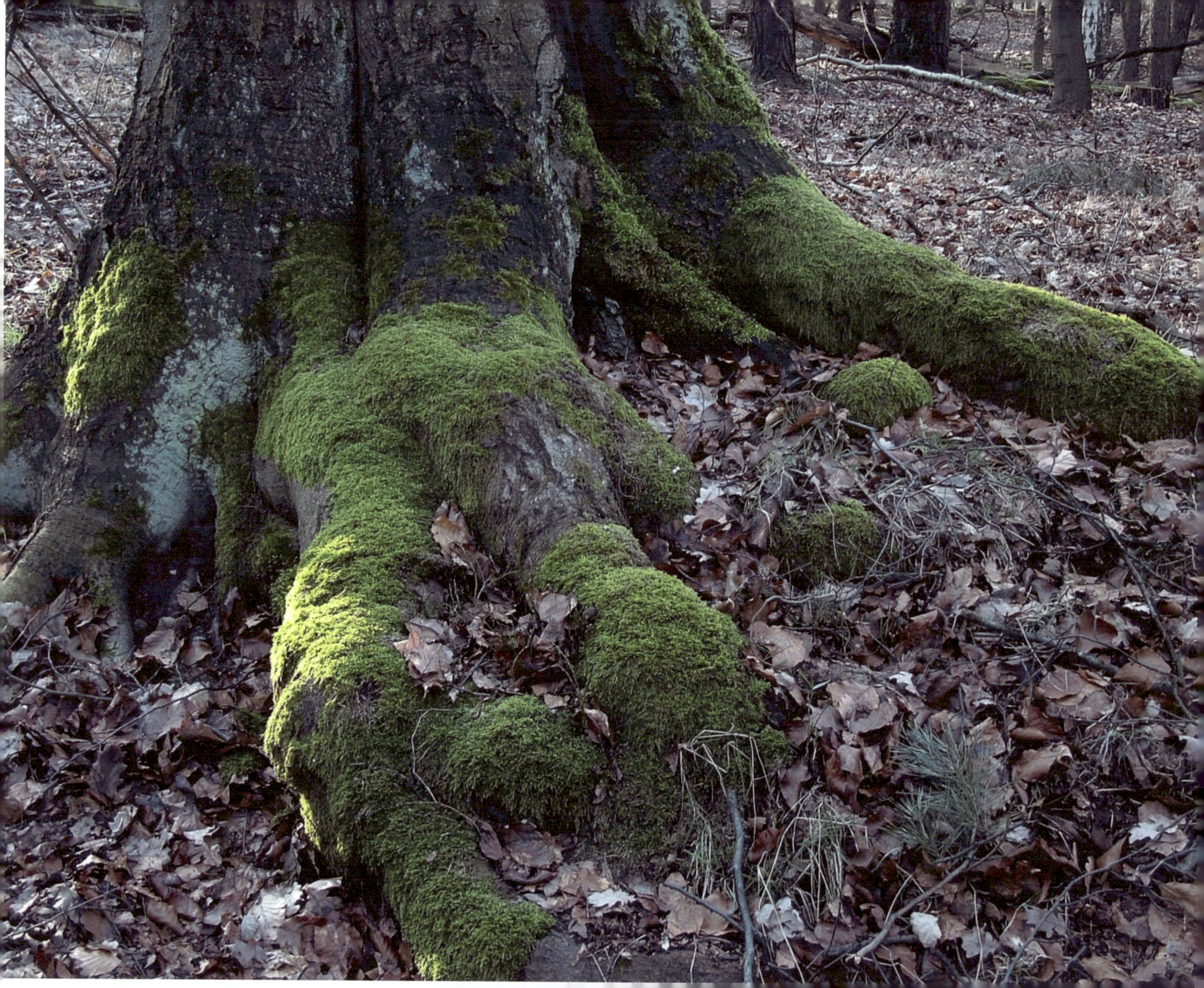

La generación anterior planta árboles y la posterior se cobija a su sombra.

Proverbio Chino

El remordimiento es como la mordedura de un perro en una piedra: una tontería.

Friedrich Nietzsche

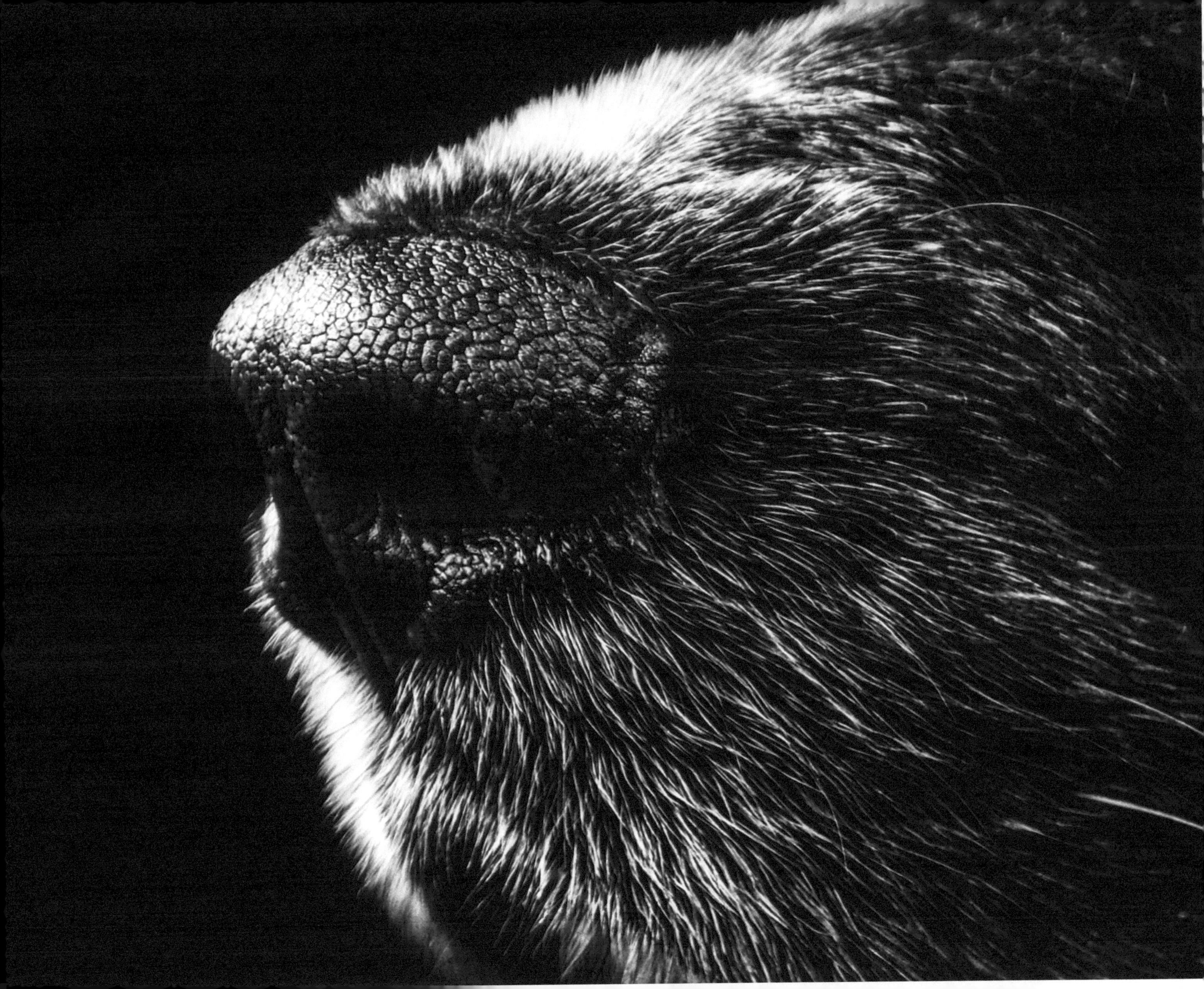

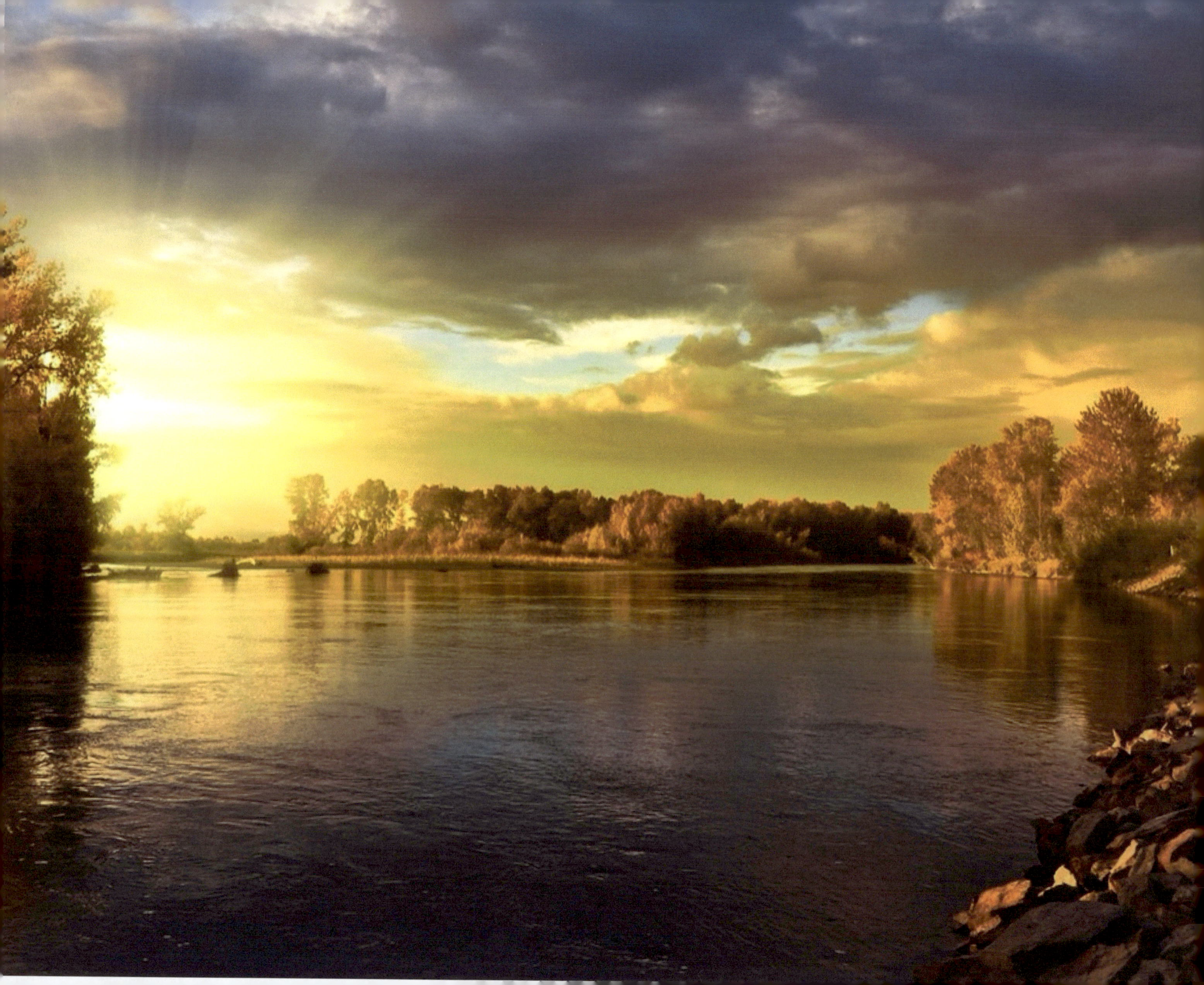

La muerte no existe, la gente
sólo muere cuando la olvidan;
si puedes recordarme,
siempre estaré contigo.

Isabel Allende

Hay una puerta por la que pueden entrar la buena o la mala fortuna, pero tú tienes la llave.

Proverbio Japonés

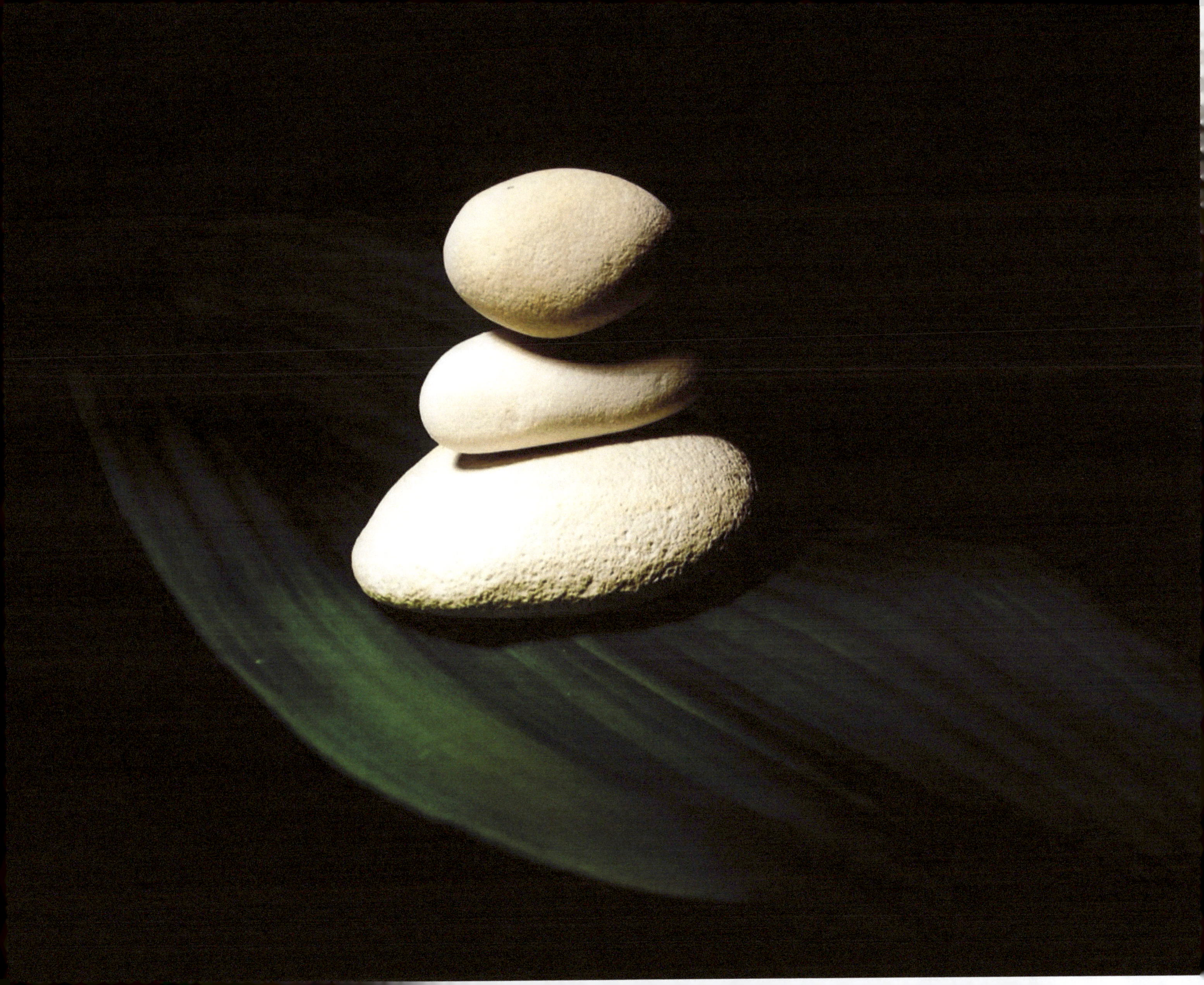

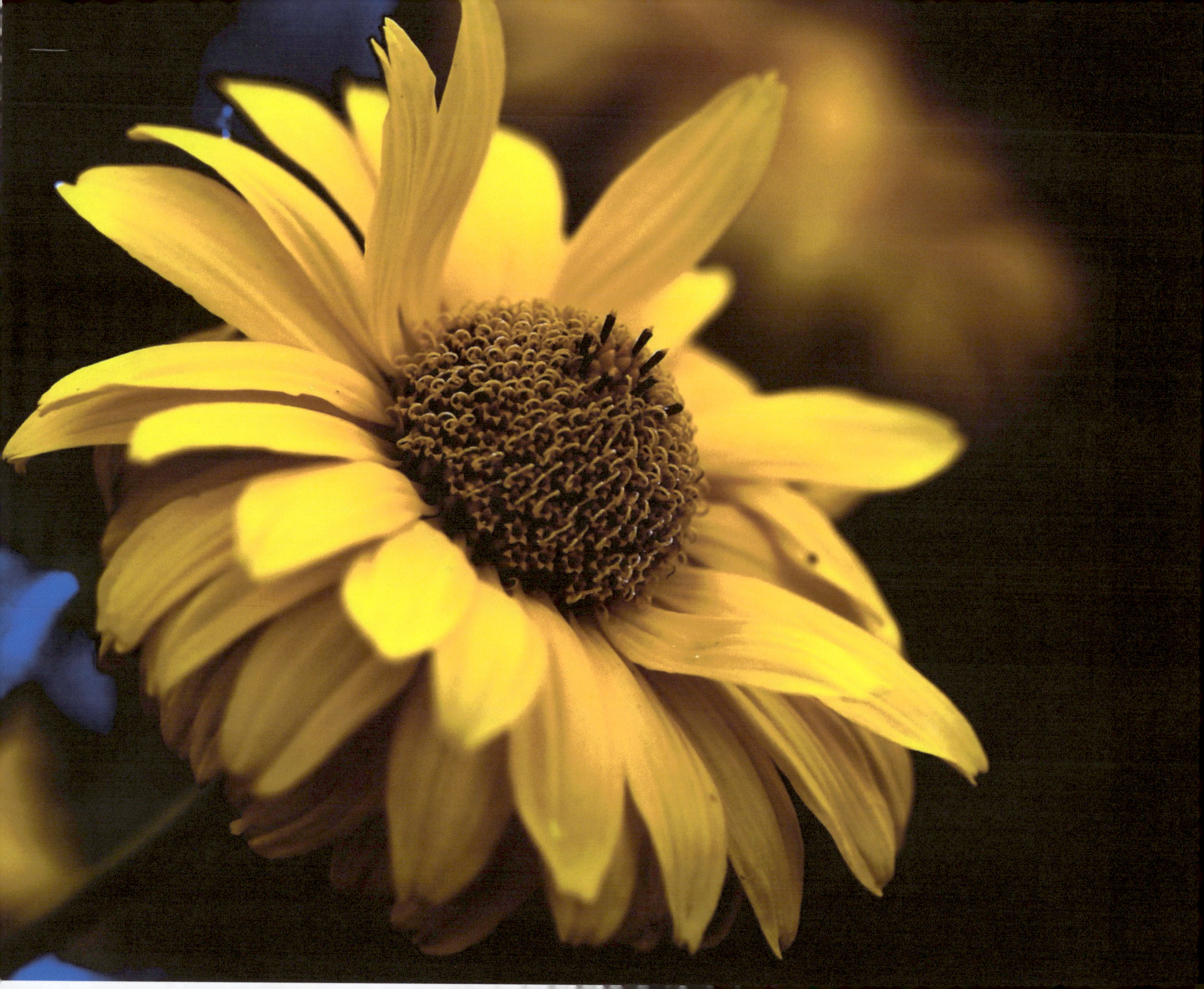

Cuanto más grande es el caos,
más cerca está la solución.

Proverbio Chino

Cuando todo está perdido, aún queda la esperanza.

Proverbio Hindú

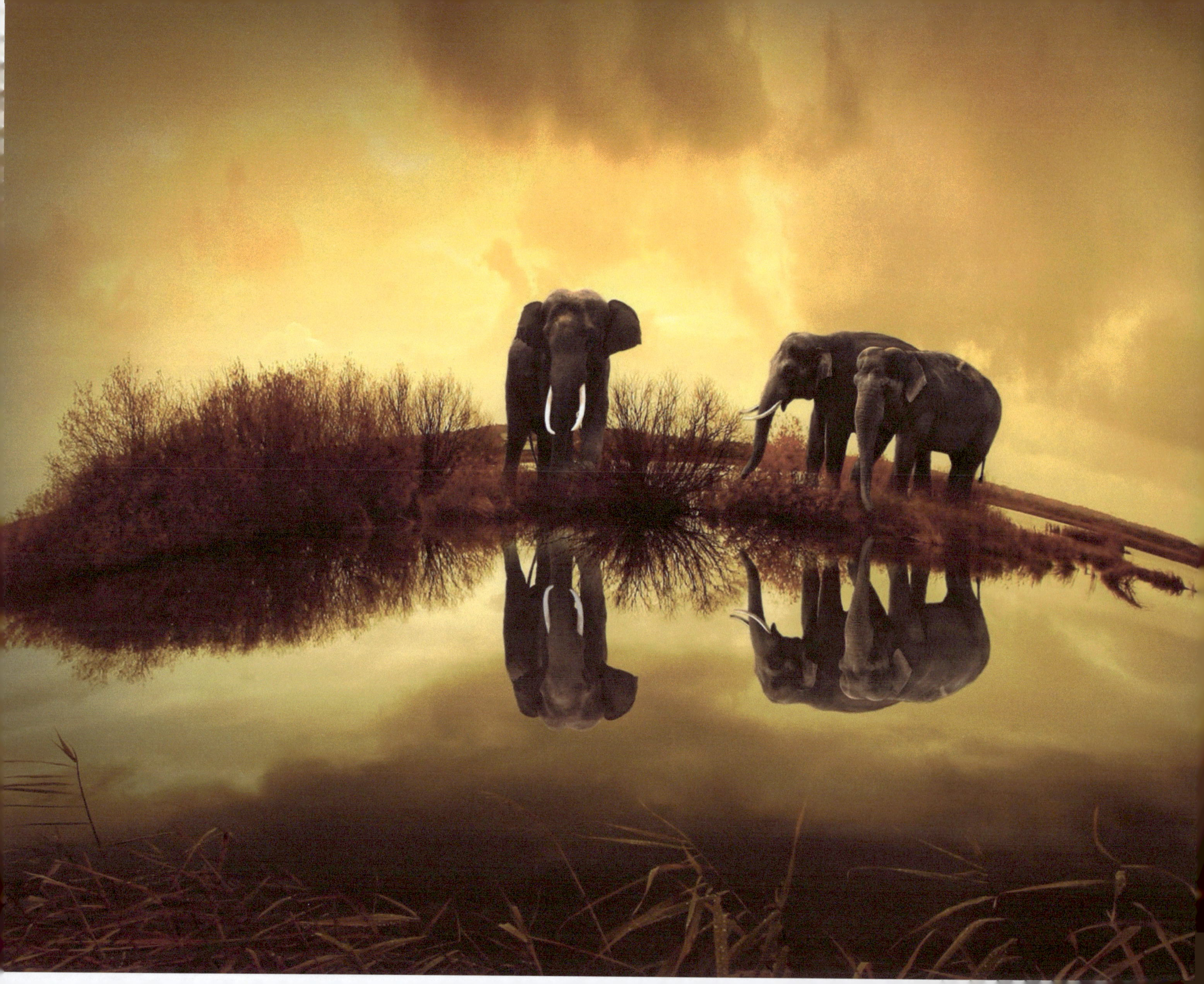

Con palabras agradables y un poco de amabilidad se puede arrastrar a un elefante de un cabello.

Proverbio Persa

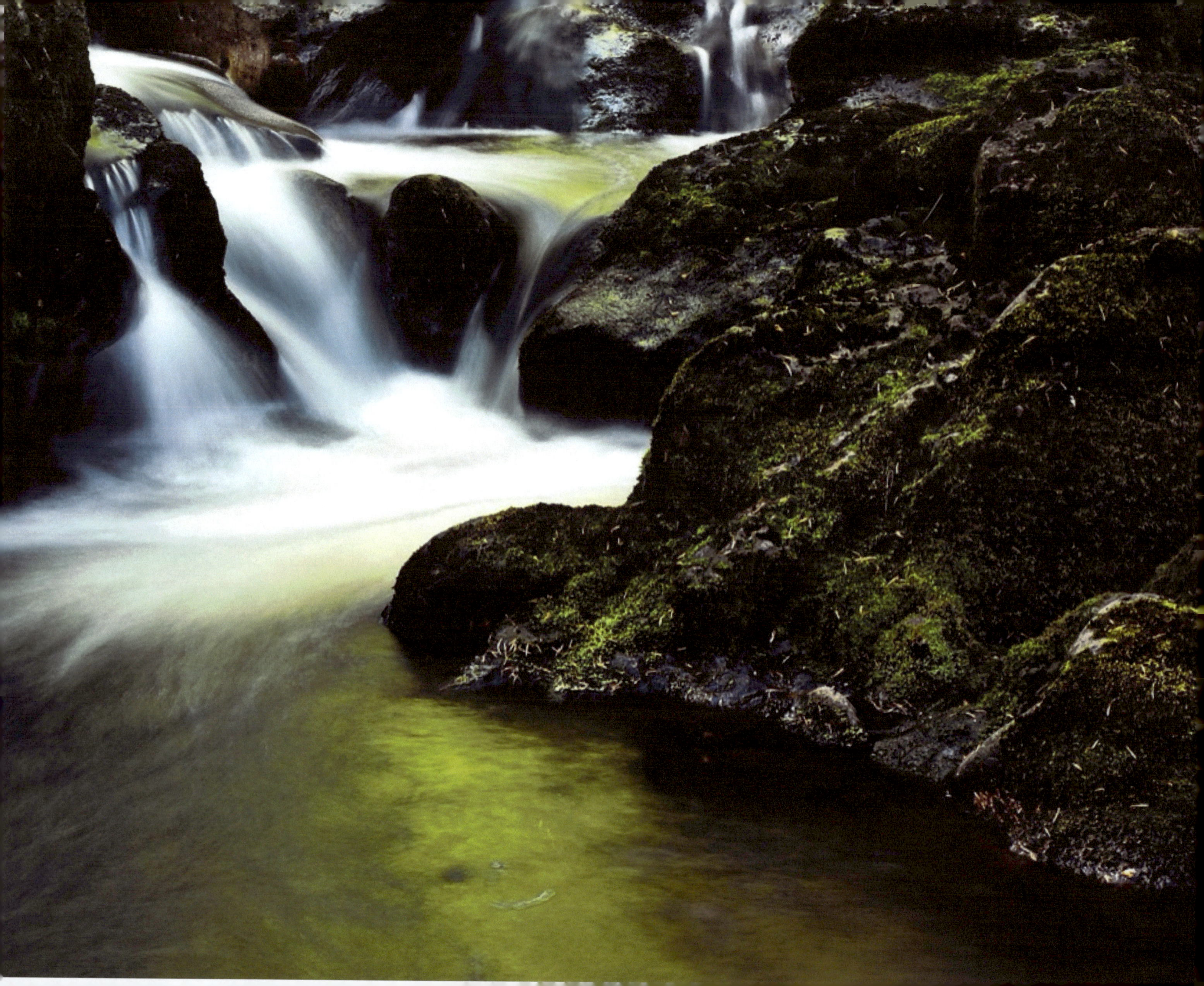

Lo pasado ha huido, lo que esperas está ausente, pero el presente es tuyo.

Proverbio Árabe

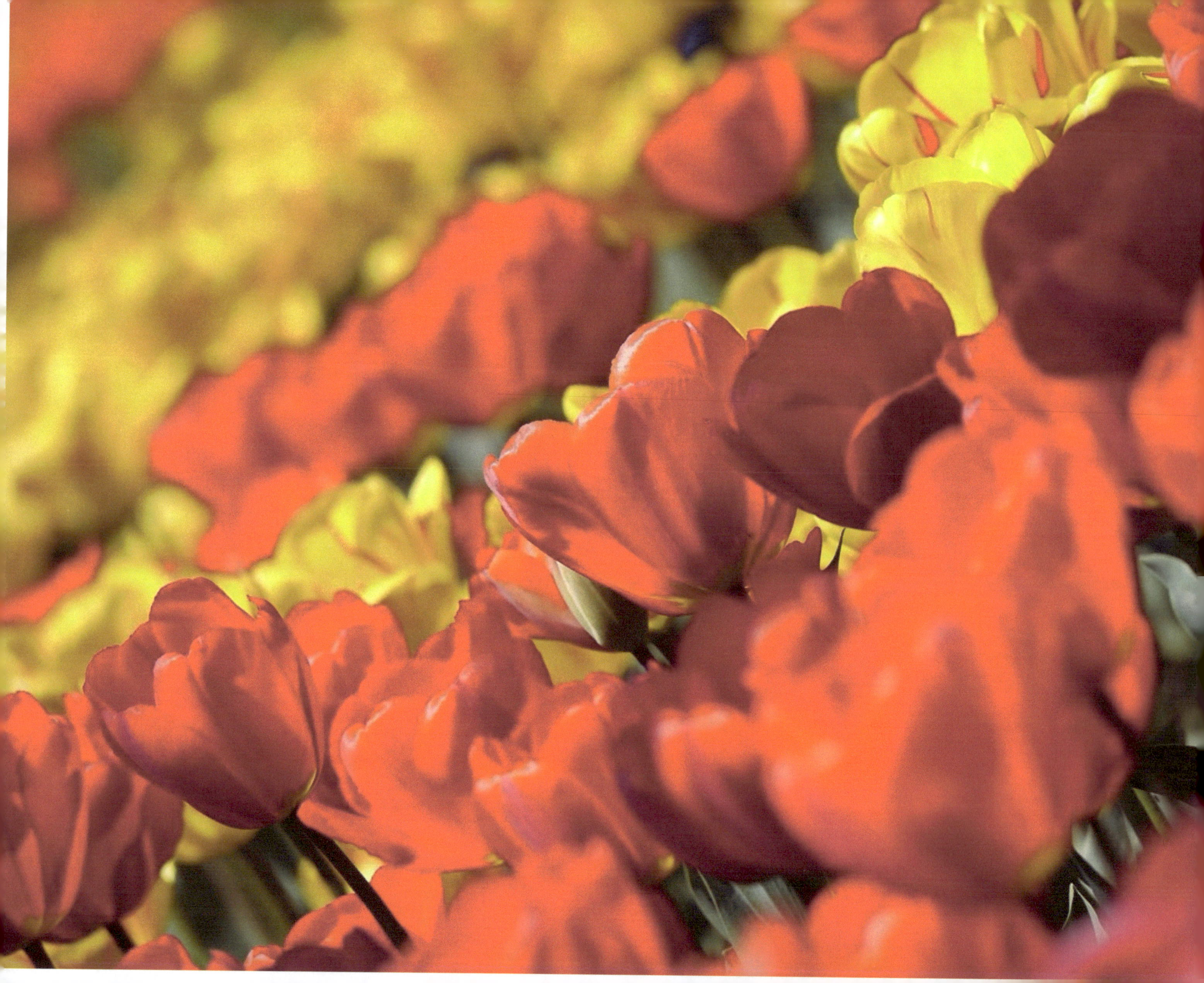

La sonrisa es una verdadera fuerza vital, la
única capaz de mover lo inconmovible.

Orison Swett Marden

El tiempo que pasa uno riendo es
tiempo que pasa con los dioses.

Proverbio Japonés

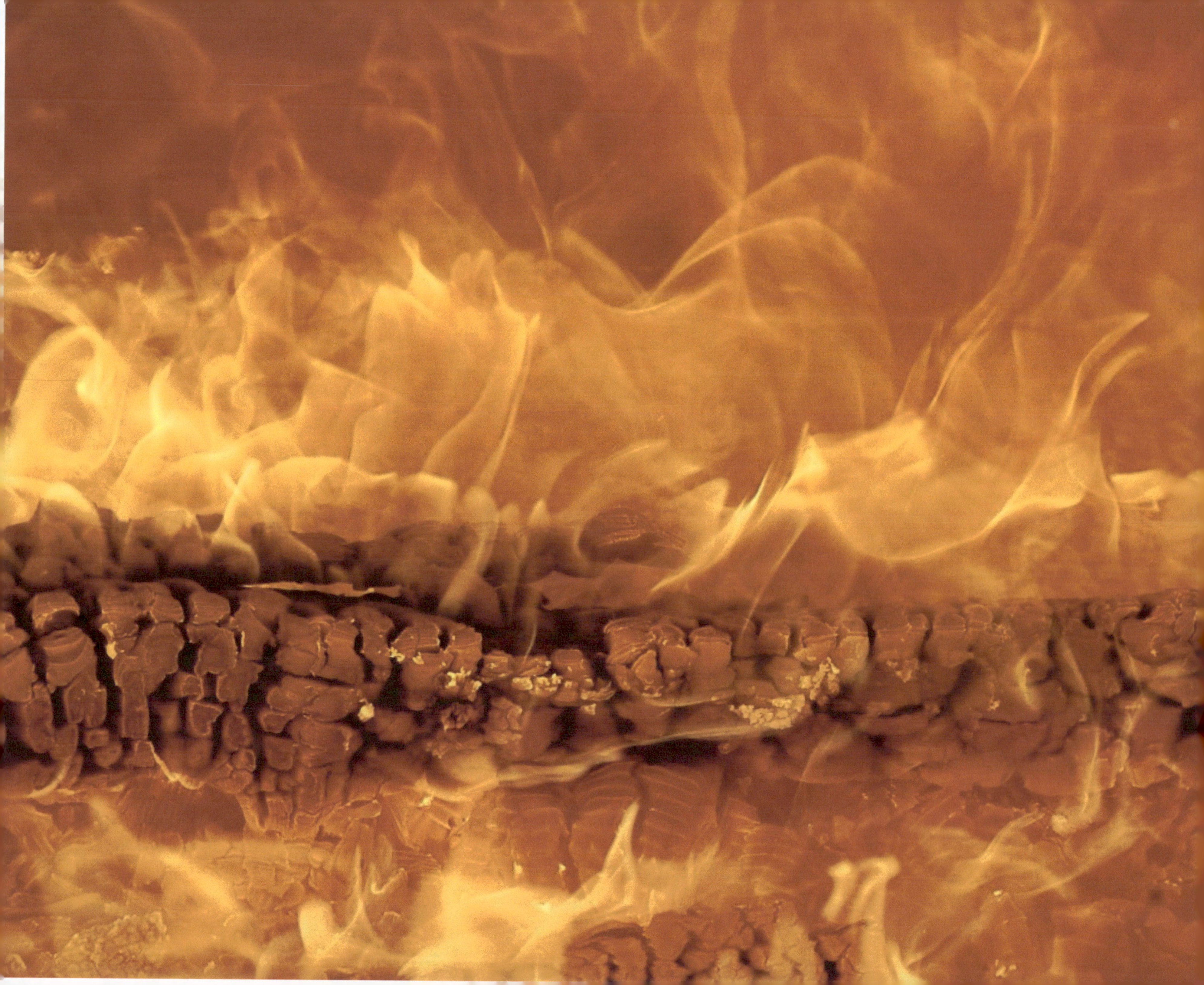

No pretendas apagar con fuego un incendio, ni remediar con agua una inundación.

Confucio

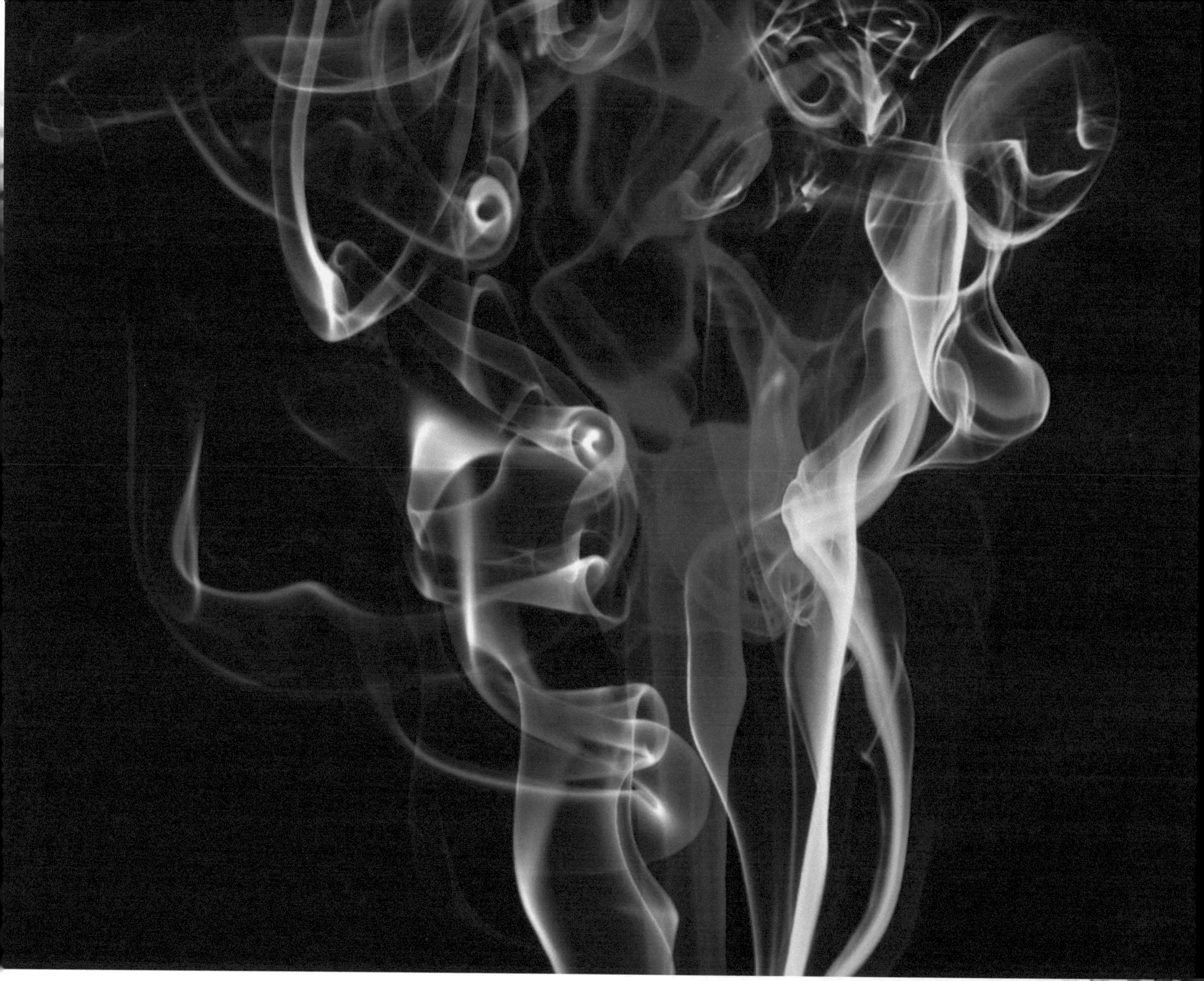

La paz no es la ausencia de guerra, es una virtud, un estado de la mente, una disposición a la benevolencia, la confianza y la justicia.

Baruch Spinoza

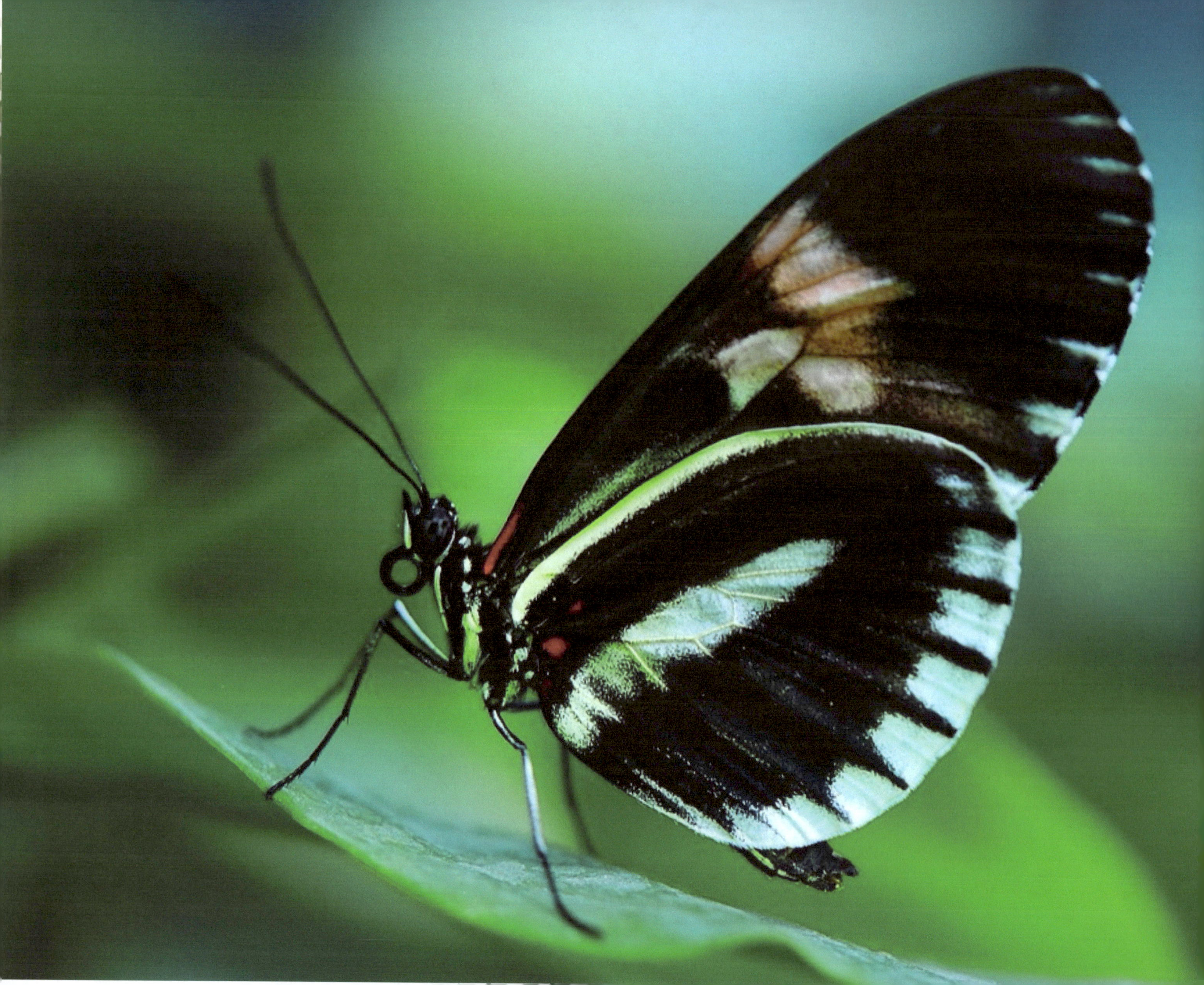

Disfruta hoy, es más
tarde de lo que crees.

Proverbio Chino

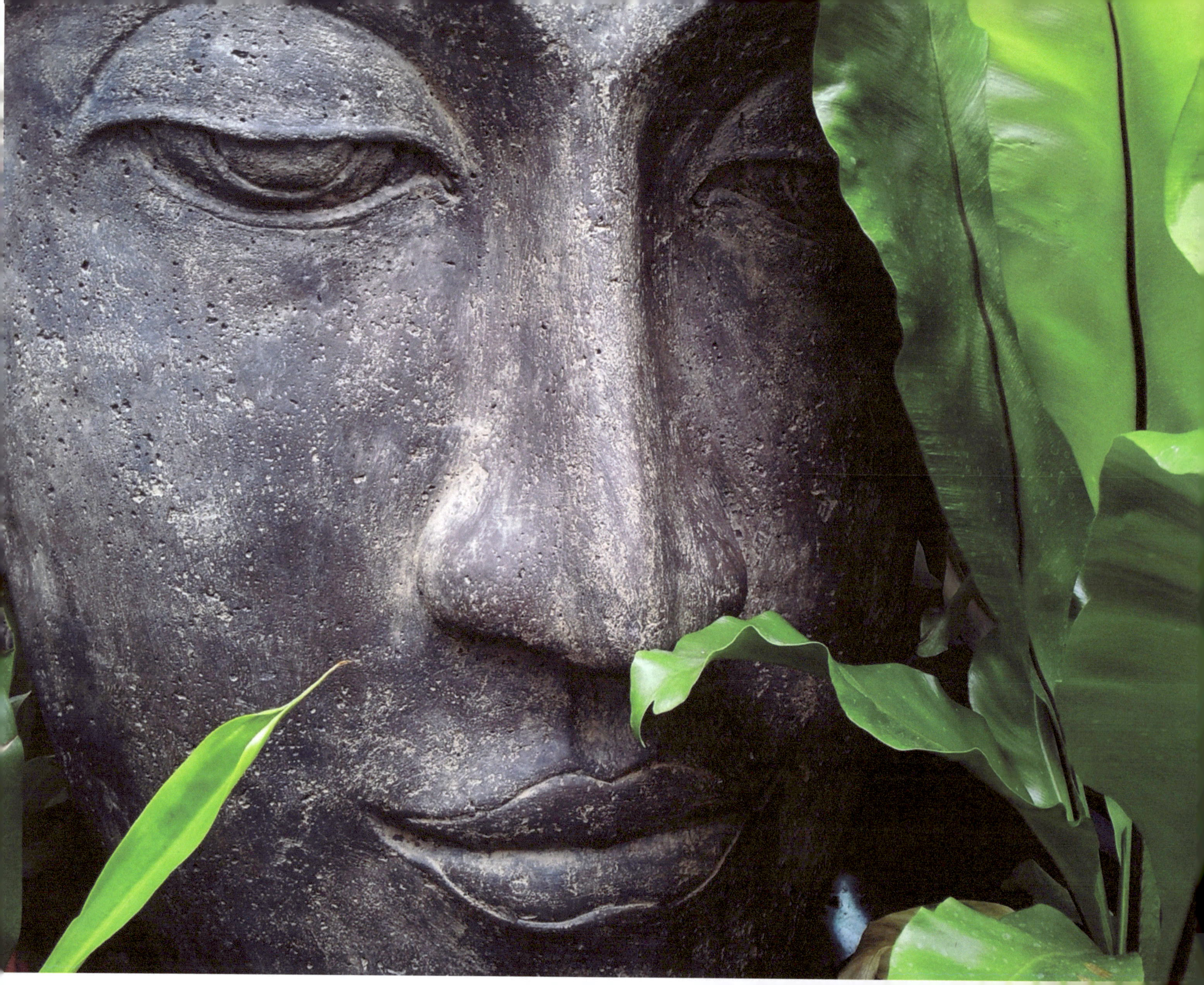

El hombre que hace el mal sufre en este mundo y sufre en el otro. Sufre y se lamenta al ver todo el daño que ha hecho. Sin embargo, el hombre que hace el bien es feliz en este mundo y también lo es en el otro. En ambos mundos se regocija, viendo todo el bien que ha hecho.

Buda